Margund Hinz

Register der Personen, Orte und Schulen zum Sprachheilwesen in Ostpreußen

Von den Anfängen bis 1945

Margund Hinz

Register der Personen, Orte und Schulen zum Sprachheilwesen in Ostpreußen

Von den Anfängen bis 1945

Herstellung und Verlag:
BoD - Books on Demand, Norderstedt
ISBN 978-3-7357-2461-8

„Die Geschichte des Sprachheilwesens in Ostpreußen" ist nicht nur ein wissenschaftliches Buch über bedeutende Sprachheilärzte und Lehrer. Allgemeinverständlich werden die Geschichte Ostpreußens, das fortschrittliche Schulwesen und die umsichtige Bildungspolitik bis 1945 dargestellt.

Bereits 1867 entwickelt sich in Königsberg ein abgestuftes Schulsystem aus achtklassigen Volksschulen, Mittelschulen und höheren Schulen mit Schulgartenarbeit, Werkunterricht und zwei Fremdsprachen. Im Zuge der Reformen der preußischen Volksschule werden seit 1885 Hilfsschulen gegründet. Schon 1817 gibt es eine Taubstummenanstalt. 1920 werden in Königsberg vier Schulkindergärten für die schulpflichtigen, jedoch noch nicht schulreifen Kinder eröffnet. Bereits ein Jahr zuvor sind die ersten drei hauptamtlichen Schulärzte angestellt worden. Damit wird eine gründliche ärztliche Untersuchung der Schüler ermöglicht. Eltern können mit ihren Kindern die täglichen kostenlosen Sprechstunden der Schulärzte besuchen. Ebenso hat die Stadt 1920 acht Schulpflegerinnen in Dienst gestellt. Sie leisten in schwierigen familiären Situationen wertvolle Arbeit zur Verbindung von Schule und Elternhaus.

Schulische Sprachheilarbeit ist in Ostpreußen seit 1889/90 in Form von Sprachheilkursen für die Dauer von vier bis sieben Monaten belegt. Sie werden überwiegend an Volksschulen und vereinzelt an Hilfsschulen in der regulären Unterrichtszeit durchgeführt. Während die Stadt Berlin erst seit 1901 Heilkurse für stotternde Schüler einrichtet, ergreifen die Behörden in Königsberg schon 1894 Maßnahmen zur Sicherung eines dauerhaften Erfolges der praktizierten Heilkursarbeit, indem sie beispielsweise Lehrerfortbildungen zur Sprachphysiologie und –pathologie organisieren. Die Königliche Regierung veranlasst einen Kurs für Lehrer der Provinz unter Leitung von Paul Rogge. Dieser Lehrer und der Professor für Hals- Nasen- und Ohrenleiden an der Albertus-Universität zu Königsberg, Rudolf Kafemann, sind die Wegbereiter des Sprachheilwesens in Ostpreußen.

Die umfassenden ärztlichen Schuluntersuchungen Kafemanns und anderer Mediziner der Albertina fördern die Schulgesundheitspflege. Schulaufsichtsbehörde, Arzt und Lehrer wirken eng zusammen. Sie erfassen Kinder mit Sprachstörungen und fördern sie in den speziell eingerichteten Heilkursen. Friedrich Tromnau, Stadtschulinspektor von Königsberg bis 1910, hat Verdienste auch als Schulbuchautor und Mitglied der Königlichen Prüfungskommission für Lehrer. Wilhelm August Fett, Lehrer in Danzig und Königsberg, ist Initiator für eine gezielte Behandlung von Sprachstörungen und leistet hierfür auch die Gremienarbeit in den Lehrervereinen. Die ostpreußischen Pädagogen und Mediziner stehen in regem Austausch mit Forschungszentren in Berlin, Halle (Saale) und Jena.

Personenregister

Ach   133 f.
Arentsschild von   80
Auerbach   61 f.

Balla, F.   87 f., 96, 98-101, 149
Barran, F. R.   9, 149
Baumann, Friedrich   106
Bellmann, G.   102, 105, 149
Bendziula, Emil   36, 109, 120
Bergemann, Paul (geb. 1862)   108, 145
Berliner, A.   149
Berthold, E.   79
Beschel, E.   45, 149
Bezold   23, 78
Biesalski, P.   65, 149
Bink, K.   18 f., 149
Binzwanger, Otto (1852 – 1929)   127
Bloch, E.   67, 69, 78, 149
Boeke   63
Böhm   10
Boockmann, H.   9 f., 149
Brache, Curt   137, 149 f.
Braun, O.   47, 74, 84 f., 142, 150
Bresgen, M.   69, 78, 150
Brückmann   14 f., 18, 145, 150
Busalla, F.   18, 150

Coen, R. (1839 – 1904)   84

Dehnhardt, R.   142

Denker, A. 80
Drach, Erich (1885 – 1935) 137, 139

Edelmann 23
Eisermann 32
Elders, A. 105, 151
Engel, Eduard 102, 105, 108, 142
Engel, Ernst 116 f., 151
Erb, W. 48
Étienne, Charles 136

Fett, Wilhelm August (1855 – 1917) 82-86, 107, 44, 151
Flatau, Theodor Simon (1860 – 1937) 77, 139
Forstreuter, K. 149
Frank, F. 65
Freud, S. 57, 151
Fricke-Finkelnburg, R. 45 f., 151
Friedrich Wilhelm III. (1770 – 1840) 8
Fröbel, Friedrich (1782 – 1852) 17 f., 145
Fromm, Erich 28
Fromm-Reichmann, Frieda (1890 – 1957) 28 f., 43, 148, 151
Fuchs, Arno 120, 135
Funk, R. 28, 151

Gause, F. 8 f., 149, 151
Geheeb, Paul (1870 – 1961) 127
Geissner, H. 137, 151
Gerber, P. 79
Gerlach, F. 41
Goedeckemeyer 133

Goldstein, Kurt (1878 – 1965)   28, 58 ff., 81, 143, 148, 151 f.
Gornig, G. H.   8-11, 152
Goronczy, W.   44 f., 152
Graser, J. B. (1766 – 1841)   24
Graw   10
Greifenstein, A.   81
Griesinger   120
Grünberg, B.   40 f., 44, 152
Grundig, Arno (geb. 1875)   38 f., 121 f., 148, 152
Grundig, Klara   9, 121, 148
Gundel, I.   105
Günther, E.   84, 152
Gutzmann, Albert (1837 – 1910)   75, 78, 85, 88, 90, 92 f., 141, 147, 152
Gutzmann, Hermann sen. (1865 – 1922)   42, 47, 74 ff., 78, 85, 87 f., 90, 92 f., 116, 141 ff., 147, 152
Gutzmann, Hermann jun. (1892 – 1972)   32, 78, 80, 147
Guye   67

Hansen, K.   105 f., 153
Hasenkamp, E.   87 f., 105, 139, 153
Heidecker, Paul   135 f.
Heine, B.   79
Helmholtz   61 f.
Herbart, Johann Friedrich (1776 – 1841)   17 f., 44, 145
Hermann, Ludimar (1838 – 1914)   23, 60-64, 81, 143, 148, 153
Hill, F. M. (1805 – 1874)   21
Hillenbrand, C.   127, 153

Hinzmann, A. 35
Hoeftmann, Heinrich (1851 – 1917) 37
Huber W. 57, 143, 154

Ibrahim, Jussuf (1877 – 1953) 127

Jakobi, H. 68 f., 154

Kafemann, Rudolf (geb. 1859) 65-79, 81, 86, 88, 101, 108, 128, 144, 146, 154
Kaftan 134
Kahler, O. 80
Kecker, A. 104 f., 148
Kiewe, L. 37, 154
Kitzinna 46
Klapp 34
Klieneberger, O. 40, 155
Knoch, G. 44, 155
Koch 135
Kofler, Leo 71
König 61 f.
Kraeppelin, Emil (1856 – 1926) 75
Krafft, O. 20-28, 89, 129, 130 f., 149, 151, 155
Kuhn, Paul 129
Külpe 134
Kussmaul, A. 50 f., 155

Lebede, Hans (1883 – 1945) 137, 139
Leischner, A. 58, 155
Lemke, M. 104
Leyden, Ernst von (1832 – 1910) 81
Leyhausen, Wilhelm (1887 – 1953) 137, 139

Lichtheim, Ludwig (1845 – 1928)   48-59, 81, 143, 155
Liebmann, A. (1865 – 1934)   47, 143
Lietz, Hermann (1868 – 1919)   44, 47, 127, 146
Link, R.   87 f., 154
Lipps   134
Loebell, Helmut   81
Löper, Eduard (1805 – 1829)   129, 138

Marbe   134
Martinu, P.   41, 155
Matthias, F.   153
Mecklenburg   24 f., 27, 155
Mielecke, A.   86 f., 155
Möckel, A.   46, 155
Montessori, Maria (1870 – 1952)   41, 47, 145

Naffin, P.   31, 134, 155
Nendza, J.   43, 155
Neumann, W.   109-115, 156
Noll, A.   14, 156

Otto, Berthold (1859 – 1933)   18 f., 44, 47, 145

Pagel, J. L.   116, 156
Pestalozzi, Johann Heinrich (1746 – 1827)   17 f., 145, 156
Petersen, Peter (1884 – 1952)   127
Pippig   61
Poeck, K.   57 f., 143, 156
Preuß   45

Preyer, William Thierry (1841 – 1897)   116, 142, 156

Raatz   135
Reble, A.   20, 156
Rehs, Emma   34, 36, 109, 115-120, 142, 156
Reichau, E.   28 f., 143, 156
Reichmann, F,   143, 156
Reichwein, Adolf (1888 – 1944)   127
Rein, Wilhelm (1847 – 1929)   127
Rogge, Paul   65, 70, 73, 78, 85-98, 101 ff., 105-111, 113 ff., 120, 128, 141 f., 144-148, 156
Rousselot   61
Ruhnau   134

Sammert, C.   89
Samter, O.   79, 156 f.
Schäffer   73, 78
Schätzel   10
Scherer, Heinrich   18, 145
Scholz, H.   48, 79, 81, 157
Schön, Theodor von (1773 – 1856)   8
Schorsch, E.   30, 157
Schroeder, P.   48, 79, 81, 157
Schröer, W.   145, 157
Schultz, J. H.   28
Schultze, F.   48
Schultze, F. E. Otto   30 f., 133 f., 138, 147, 157
Schumann, P.   26, 31, 157
Seinig, Otto   18, 145
Sengstock, E.   34 f., 134, 157
Sickinger, Anton (1858 – 1930)   14, 20

Simoneit, M.   133 f., 157
Sokolowsky, Raphael (1874 – 1944)   77, 79 ff., 136, 144, 147 f., 157
Ssikorski, J. A.   73 f.
Steiniger, F.   81, 106, 109, 139, 158
Stenger, P.   79
Strümpel, A.   48
Strümpel, Ludwig (1812 – 1899)   35
Stürzbecher, M.   80, 158
Sully, James (1842 – 1923)   116, 143, 158

Tackmann, A.   104 f., 148
Teumer, J.   142, 150, 158
Tribukait   66, 70
Tromnau, Friedrich (1858 – 1921)   12-16, 34, 36, 86 ff., 95 f., 108 f., 151, 158
Trüper, H.   127, 158
Trüper, I.   127, 158
Trüper, Johannes   39, 121-127, 143, 148, 158

Vogt, H.   48, 159

Wängler, H.-H.   64 f., 159
Weng, E.   30
Weniger, D.   57, 159
Wernicke, Carl (1848 – 1905)   48 f., 51 ff., 55-59, 159
Wieberneit, E.   103, 105
Wilker, Karl (1885 – 1980)   127
Winckler   78
Witt, E.   36, 109, 115-120, 142, 156
Wittsack, Richard   139

Wundt, Wilhelm 75, 134

Zausch 120
Ziehen, Theodor (1862 – 1950) 123, 127

Lehrer in Ostpreußen

Ach   133 f.
Balla, F.   87 f., 96, 98-101, 149
Baumann, Friedrich   106
Bellmann, G.   102, 105, 149
Bendziula, Emil   36, 109, 120
Bink, K.   18 f., 149
Brache, Curt   137, 149 f.
Brückmann   14 f., 18, 145, 150
Busalla, F.   18, 150
Eisermann   32
Étienne, Charles   136
Fett, Wilhelm August (1855 – 1917)   82-86, 107, 144, 151
Gerlach, F.   41
Goedeckemeyer   133
Goronczy, W.   44 f., 152
Griesinger   120
Grünberg, B.   40 f., 44, 152
Grundig, Arno (geb. 1875)   38 f., 121 f., 148, 152
Grundig, Klara   9, 121, 148
Gundel, I.   105
Heidecker, Paul   135 f.
Herbart, Johann Friedrich (1776 – 1841)   17 f., 44, 145
Kecker, A.   104 f., 148
Kitzinna   46
Knoch, G.   44, 155
Krafft, O.   20-28, 89, 129 ff., 149, 151, 155
Lemke, M.   104
Löper, Eduard (1805 – 1829)   129, 138

Martinu, P.   41, 155
Mecklenburg   24 f., 27, 155
Naffin, P.   31, 134, 155
Neumann, W.   109-115, 156
Preuß   45
Rehs, Emma   34, 36, 109, 115-120, 142, 156
Reichau, E.   28 f., 143, 156
Rogge, Paul   65, 70, 73, 78, 85-98, 101 ff., 105-111, 113 ff., 120, 128, 141 f., 144-148, 156
Ruhnau   134
Sammert, C.   89
Scherer, Heinrich   18, 145
Schultze, F. E. Otto   30 f., 133 f., 138, 147, 157
Schumann, P.   26, 31, 157
Sengstock, E.   34 f., 134, 157
Simoneit, M.   133 f., 157
Steiniger, F.   81, 106, 109, 139, 158
Strümpel, Ludwig (1812 – 1899)   35
Tackmann, A.   104 f., 148
Tribukait   66, 70
Tromnau, Friedrich (1858 – 1921)   12-16, 34, 36, 86 ff., 95 f., 108 f., 158
Weng, E.   30
Wieberneit, E.   103, 105
Witt, E.   36, 109, 115-120, 142, 156

Ärzte in Ostpreußen

Berthold, E.   79
Fromm-Reichmann, Frieda (1890 – 1957)   28 f., 143, 148, 151
Gerber, P.   79
Goldstein, Kurt (1878 – 1965)   28, 58 ff., 81, 143, 148, 151 f.
Greifenstein, A.   81
Heine, B.   79
Hermann, Ludimar (1838 – 1914)   23, 60-64, 81, 143, 148, 153
Kafemann, Rudolf (geb. 1859)   65-79, 81, 86, 88, 101, 108, 128, 144, 146, 154
Kaftan   134
Klieneberger, O.   40, 155
Kuhn, Paul   129
Leyden, Ernst von (1832 – 1910)   81
Lichtheim, Ludwig (1845 – 1928)   48-59, 81, 143, 155
Loebell, Helmut   81
Sokolowsky, Raphael (1874 – 1944)   77, 79 ff., 136, 144, 147 f., 157
Stenger, P.   79

Geistliche in Ostpreußen

Hinzmann, A. 35
Klapp 34

Ortsregister

Allenstein 8 ff., 36, 39, 43, 46, 105 f., 108, 139, 155
Angerburg 20, 22 f., 156
Braunsberg 9, 20
Carlshof 33 f.
Danzig 82, 106, 108
Elbing 9 f., 39 f., 109, 140
Fischhausen 16
Friedland Ostpr. 22
Gerdauen 81
Gumbinnen 8 f.
Heilsberg 9
Insterburg 9 f., 36, 46, 105 f., 108, 139
Königsberg 8, 10-17, 19-24, 26, 28, 30-41, 43-48, 58-61, 65 f., 68 ff., 77-82, 85 f., 88-91, 95-98, 101 f., 104-109, 115, 120 ff., 127-148, 151, 154 f.
Lötzen 9, 33 f.
Lyck 39, 47
Marienburg 9
Marienwerder 9
Ortelsburg 43
Pr. Eylau 44, 47, 146
Rastenburg 33, 36 f., 47
Rössel 9, 22 ff., 26 ff., 30 f., 33, 140, 145 f., 155 f.
Rosenberg 9
Stuhm 9
Tannenberg 9
Tilsit 9 f., 23 f., 26 ff., 30-33, 35 f., 41, 46, 105 f., 108, 139 f., 156
Worienen 44, 47, 146

Wormditt   35

Schulen, Heil- und Lehranstalten

Königsberg

Provinzial- und Taubstummenanstalt zu Königsberg Pr.   20, 22 f., 24, 26, 28, 30 f., 33, 129 ff., 134, 138, 143, 151, 155 f.
Taubstummenanstalt des „Ostpreußischen Zentralvereins für Erziehung bedürftiger taubstummer Kinder" (Vereinsanstalt) zu Königsberg Pr.   20, 23, 89
Schule für schwerhörige Kinder   30
Gehörlosenschule   32, 140
Provinzial-Gehörlosenschule mit Heim zu Königsberg   32
Blindenschule   32 f.,
Erziehungsheim für geistig minderwertige Kinder   36, 109, 120
Krüppelheil- und Lehranstalt für Ostpreußen zu Königsberg   37, 121, 154
Heilerziehungsheim   38 f., 47, 120 ff., 143, 148
Dinterschule (erste Hilfsschule)   34, 37, 109, 115
Comeniusschule (zweite Hilfsschule)   34, 37, 41, 104, 109
Diesterwegschule (dritte Hilfsschule)   35, 37 41, 121, 134
Pfundtnerschule (vierte Hilfsschule)   35 ff.
Franckeschule (fünfte Hilfsschule)   38, 121

Selkeschule   19
Fünfte Volksschule auf dem Haberberg   82
Zweite Volksschule für Mädchen   96

Achte Knabenvolksschule 96
Moltkeschule 105
Tribukaitschule 104
Roonschule 104
Listschule 104

Bürgerschule für Mädchen auf dem Haberberg 82
Bürgerschule für Knaben 89, 109

Provinz Ostpreußen

Provinzial-Taubstummenanstalt zu Angerburg 20, 22, 156
Taubstummenanstalt zu Rössel 22 ff., 26 ff, 30 f., 33, 140, 145 f., 155 f.
Provinzial-Taubstummenanstalt zu Tilsit 23 f., 26 ff., 33, 156
Seminar-Taubstummenschule zu Braunsberg 20
Provinzial-Anstalt für Schwachsinnige in Rastenburg 33, 36 f., 47
Heil- und Pflegeanstalt zu Carlshof bei Rastenburg 34
Masurisches Erziehungshaus zu Lötzen 34
Landhilfsschulheim Schloß Worienen, Kreis Pr. Eylau 44, 47, 146
Anstalt St.Andreasberg in Wormditt 35

Hilfsschule in Allenstein 36, 46, 155
Hilfsschule in Elbing 39 f., 109
Hilfsschule in Insterburg 36, 46
Hilfsschule in Tilsit 35, 41, 46
Hilfsklassen in Mädchenvolksschule Lyck 39, 47

Weißenfels, Jena und Berlin

Taubstummenschule in Weißenfels   21
Heilpädagogisches Heim Sophienhöhe bei Jena
39, 121 f., 128, 143, 158
Schulfarm Scharfenberg in Berlin-Reinickendorf
44, 47, 146
Mittelschule in Friedrichshagen bei Berlin   89
Königliche Taubstummenanstalt zu Berlin   89, 137